福祉がわかるシリーズ ③

福祉の未来は？

これからの福祉とみんなの生活

池上 彰／監修　稲葉 茂勝／著

ミネルヴァ書房

はじめに

あなたは、こんなことを考えたことはありませんか？

・お父さんやお母さんが働けなくなったら、ぼく（わたし）はどうなってしまうんだろう？

・だれかかわりの人が養ってくれるのかな？

そんなふうに考える人は、あまりいないかもしれませんね。

でも、人はだれでも、病気や事故、出産などによって、働けなくなることがあります。また、年をとれば、働けなくなりますね。

このような人たちを助けるのは、国の仕事です。子ども、お年寄り、障がいのある人など、一人ではくらしていけない人たちは、国が養うことになっているのです。それどころか、国には、すべての国民が安全で安心な生活を送れるようにする義務（→1巻→p11）があります。それを「福祉」とよびます。

福祉には、子どもに関係する仕事（児童福祉）もあれば、お年寄りのための仕事（高齢者福祉）や障がいのある人のための仕事（障がい者福祉）など、いろいろあります。

このシリーズは、「福祉とはなにか？」ということを知り、身近なこととして実感してもらえるように、次の3巻で構成してあります。

❶福祉ってなに？【暮らしを支えるしくみ】

❷3つの福祉とは？【子ども・お年寄り・障がい者】

❸福祉の未来は？【これからの福祉とみんなの生活】

福祉について理解することは、近い将来、養われる側から養う側の大人になるあなたにとって、かならず役に立つでしょう。ぜひ、この本をよく読んでください。

子どもジャーナリスト　稲葉茂勝

※このシリーズにおいて、「お年寄り」・「老人」・「高齢者」という表記は、そのページに適したそれぞれのいい方でつかわれています。

もくじ

❶日本の社会の変化と福祉制

日本の少子高齢化をほかの先進国とくらべてみると、
そのスピードはものすごいものだとわかります。
2019年時点では3人に1人が高齢者です。

社会の変化

　下は、日本の少子高齢化のスピードを示すグラフです。

　2005年から2030年にかけて65歳以上の高齢者人口は1000万人以上、率にして40％以上増えるのに、それをささえる15〜64歳の人口は約1500万人、約20％減ると推計されています。

　また、高齢者の一人ぐらし世帯の数は、2005年の387万世帯から2030年には717万世帯と、2倍近くに増加すると見こまれています。

● 高齢化の推移と将来推計

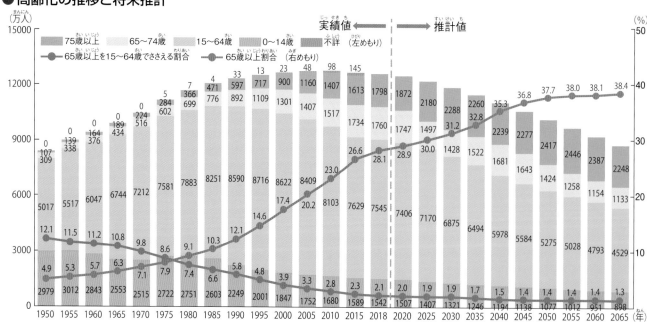

凡例：
- 75歳以上
- 65〜74歳
- 15〜64歳
- 0〜14歳
- 不詳（左めもり）
- 65歳以上を15〜64歳でささえる割合
- 65歳以上割合（右めもり）

実績値 ← → 推計値

（万人） / （％）

年	75歳以上	65〜74歳	15〜64歳	0〜14歳	不詳	ささえる割合	65歳以上割合
1950	107	309	5017	2979	0	12.1	4.9
1955	139	338	5517	3012	0	11.5	5.3
1960	164	376	6047	2843	0	11.2	5.7
1965	189	434	6744	2553	0	10.8	6.3
1970	224	516	7212	2515	0	9.8	7.1
1975	284	602	7581	2722	5	8.6	7.9
1980	366	699	7883	2751	7	9.1	7.4
1985	471	776	8251	2603	4	10.3	6.6
1990	597	892	8590	2249	33	12.1	5.8
1995	717	1109	8716	2001	13	14.6	4.8
2000	900	1301	8622	1847	23	17.4	3.9
2005	1160	1407	8409	1752	48	20.2	3.3
2010	1407	1517	8103	1680	98	23.0	2.8
2015	1613	1734	7629	1589	145	26.6	2.3
2018	1798	1760	7545	1542		28.1	2.1
2020	1872	1747	7406	1507		28.9	2.0
2025	2180	1497	7170	1407		30.0	1.9
2030	2288	1428	6875	1321		31.2	1.9
2035	2260	1522	6494	1246		32.8	1.7
2040	2239	1681	5978	1194		35.3	1.5
2045	2277	1643	5584	1138		36.8	1.4
2050	2417	1424	5275	1077		37.7	1.4
2055	2446	1258	5028	1012		38.0	1.4
2060	2387	1154	4793	951		38.1	1.4
2065	2248	1133	4529	898		38.4	1.3

出典：内閣府「令和元年版高齢社会白書」

近年の福祉制度改革

少子高齢化が猛スピードですすむなか、日本の福祉制度は大きく変化してきました。児童、障がい者、高齢者の順で、それぞれのようすをまとめてみます。

◉児童福祉

・2005年には、子育てに関する情報提供や助言をおこなう「子育て支援事業」が児童福祉法により、市町村の義務となった。これにより、市町村では、地域の子育て支援のため、子育て中の親子が交流する場をつくったり、子育てに関する専門的な支援をおこなう「地域子育て支援拠点事業」などがおこなわれるようになった。

・児童虐待防止対策については、2004年の「児童福祉法及び児童虐待の防止等に関する法律」の改正により、児童虐待への対応は市町村の役割とされた。また、地方公共団体において、児童虐待を受けた児童などの状況を把握したり情報交換したりするために、子どもを守る地域のネットワークがつくられるようになった。

◉障がい者福祉

・障がい者福祉の分野は、児童福祉や高齢者福祉にくらべると対策がおくれているといわれていたが、2000年からは、さまざまな改革がおこなわれ、利用者がみずからサービスを選択することができる支援費制度ができた。

・2005年には、障がいがあってもふつうにくらせる地域づくりをめざす「障害者自立支援法」が制定されたことにより、身体障がい、知的障がい、精神障がいといった障がいの種別にかかわらず、一元的に福祉サービスを利用できるしくみがつくら

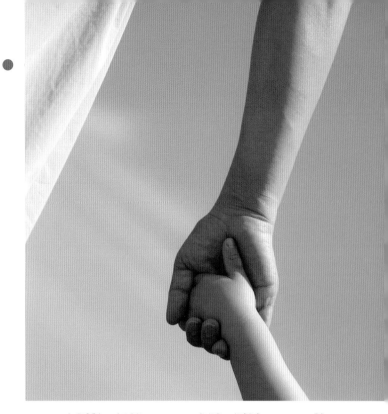

れ、市町村が主体となって地域の状況により、総合的・計画的な福祉サービスがおこなわれるようになった。また、地域の障がい者の相談支援の体制整備も強化された。

◉高齢者福祉

・1990年代はじめから、在宅福祉に力を入れた「ゴールドプラン」「新ゴールドプラン」が策定された。

・1997年に「介護保険法」が制定され、2000年から実施された。これにより、高齢者介護のサービス量は1990年ごろにくらべて飛躍的に増加。

・介護保険制度のもと、市町村が保険者となって運営や財政責任をになうこととなり、福祉における市町村の役割の重要性をいっそう高められた。

・2005年におこなわれた介護保険法の改正により、一人ひとりができるかぎり住みなれた地域での生活を継続できるよう、「小規模多機能型居宅介護」「夜間対応型訪問介護」などの「地域密着型サービス」がつくられた。

・地域では新たに、4つの機能*をになう「地域包括支援センター」の設置が急がれた。

＊「総合相談支援」「虐待の早期発見・防止などの権利擁護」「包括的・継続的ケアマネジメント支援」「介護予防ケアマネジメント」。

②どんどんふくれる国の社会保

2019年度の国の支出のなかで、
医療や介護などの社会保障費は34兆593億円、
前年より1兆861億円増となりました。

支出の3分の1は社会保障費

　日本政府は毎年3月ごろにその年度の予算を発表します。その年度にどれくらいの収入（「歳入」とよぶ）があって、どれくらいの支出（「歳出」とよぶ）があるかを予想したものです。社会保障費は、歳出の3分の1を占めています。そして下のグラフからは、社会保障予算がどんどん増えていることがわかります。

　しかし日本は、年ねん増えつづける歳出でいずれやっていけなくなるといわれています。その背景には、もちろん少子高齢化があります。　そして、そのなかで歳出をおしあげているおもな原因が、社会保障費の拡大なのです。社会保障費には、下のグラフのとおり、医療、年金、介護、福祉などの費用がふくまれます。2019年度の社会保障費（34兆593億円）は、歳出に占める割合が34％となりました。

● 社会保障給付費の推移

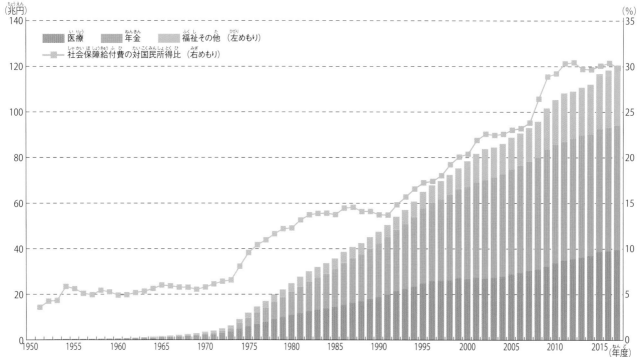

出典：国立社会保障・人口問題研究所「平成29年度社会保障費用統計」
※1963年度までは「医療」と「年金・福祉その他」の2分類、1964年度以降は「医療」「年金」「福祉その他」の3分類である。

<ruby>障<rt>しょう</rt></ruby><ruby>費<rt>ひ</rt></ruby> ● ● ● ● ● ● ● ● ● ●

<ruby>医療費<rt>いりょうひ</rt></ruby>が40<ruby>兆円<rt>ちょうえん</rt></ruby>ごえ

<ruby>医療費<rt>いりょうひ</rt></ruby>のおもな<ruby>内訳<rt>うちわけ</rt></ruby>は<ruby>入院費<rt>にゅういんひ</rt></ruby>がいちばん<ruby>多<rt>おお</rt></ruby>く、<ruby>次<rt>つ</rt></ruby>いで<ruby>入院外<rt>にゅういんがい</rt></ruby>、<ruby>調剤<rt>ちょうざい</rt></ruby>、<ruby>歯科<rt>しか</rt></ruby>となっています。

<ruby>国民<rt>こくみん</rt></ruby>1<ruby>人<rt>ひとり</rt></ruby>あたりの<ruby>医療費<rt>いりょうひ</rt></ruby>は33.3<ruby>万円<rt>まんえん</rt></ruby>で、75<ruby>歳<rt>さい</rt></ruby><ruby>以上<rt>いじょう</rt></ruby>の<ruby>後期高齢者<rt>こうきこうれいしゃ</rt></ruby>では94.2<ruby>万円<rt>まんえん</rt></ruby>、75<ruby>歳未満<rt>さいみまん</rt></ruby>では22.1<ruby>万円<rt>まんえん</rt></ruby>といった<ruby>資料<rt>しりょう</rt></ruby>があります。

じつは、ここに<ruby>非常<rt>ひじょう</rt></ruby>に<ruby>大<rt>おお</rt></ruby>きな<ruby>問題<rt>もんだい</rt></ruby>があるのです。すなわち、75<ruby>歳以上<rt>さいいじょう</rt></ruby>が<ruby>人口<rt>じんこう</rt></ruby>に<ruby>占<rt>し</rt></ruby>める<ruby>割合<rt>わりあい</rt></ruby>が13.3%であるのに<ruby>対<rt>たい</rt></ruby>し、<ruby>医療費総額<rt>いりょうひそうがく</rt></ruby>に<ruby>占<rt>し</rt></ruby>める<ruby>割合<rt>わりあい</rt></ruby>は37.9%にもふくれていることです。

<ruby>高齢者<rt>こうれいしゃ</rt></ruby>の<ruby>医療費<rt>いりょうひ</rt></ruby>の<ruby>増大<rt>ぞうだい</rt></ruby>について、<ruby>厚生労働省<rt>こうせいろうどうしょう</rt></ruby>は「<ruby>高齢化<rt>こうれいか</rt></ruby>の<ruby>進展<rt>しんてん</rt></ruby>や<ruby>医療技術<rt>いりょうぎじゅつ</rt></ruby>の<ruby>高度化<rt>こうどか</rt></ruby>がおもな<ruby>要因<rt>よういん</rt></ruby>」と<ruby>説明<rt>せつめい</rt></ruby>しています。これは、<ruby>日本<rt>にほん</rt></ruby>の<ruby>福祉<rt>ふくし</rt></ruby>サービスに<ruby>関<rt>かん</rt></ruby>するお<ruby>金<rt>かね</rt></ruby>の<ruby>問題<rt>もんだい</rt></ruby>のなかでいちばん<ruby>深刻<rt>しんこく</rt></ruby>だとされています。この<ruby>対策<rt>たいさく</rt></ruby>に、<ruby>国<rt>くに</rt></ruby>は<ruby>頭<rt>あたま</rt></ruby>をなやませているのです。

<ruby>医療費<rt>いりょうひ</rt></ruby>の<ruby>負担割合<rt>ふたんわりあい</rt></ruby>は、<ruby>年齢<rt>ねんれい</rt></ruby>や<ruby>所得<rt>しょとく</rt></ruby>によってわけられている。

● <ruby>医療費<rt>いりょうひ</rt></ruby>の<ruby>内訳<rt>うちわけ</rt></ruby>（<ruby>診療種類別<rt>しんりょうしゅるいべつ</rt></ruby>）

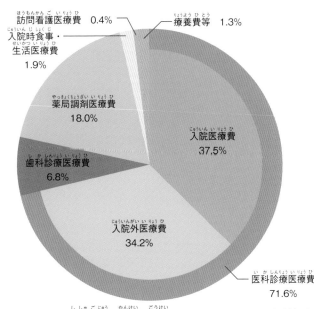

- <ruby>訪問看護医療費<rt>ほうもんかんごいりょうひ</rt></ruby> 0.4%
- <ruby>療養費等<rt>りょうようひとう</rt></ruby> 1.3%
- <ruby>入院時食事<rt>にゅういんじしょくじ</rt></ruby>・<ruby>生活医療費<rt>せいかついりょうひ</rt></ruby> 1.9%
- <ruby>薬局調剤医療費<rt>やっきょくちょうざいいりょうひ</rt></ruby> 18.0%
- <ruby>入院医療費<rt>にゅういんいりょうひ</rt></ruby> 37.5%
- <ruby>歯科診療医療費<rt>しかしんりょういりょうひ</rt></ruby> 6.8%
- <ruby>入院外医療費<rt>にゅういんがいいりょうひ</rt></ruby> 34.2%
- <ruby>医科診療医療費<rt>いかしんりょういりょうひ</rt></ruby> 71.6%

※<ruby>四捨五入<rt>ししゃごにゅう</rt></ruby>の<ruby>関係<rt>かんけい</rt></ruby>で<ruby>合計<rt>ごうけい</rt></ruby>が100%にならないことがある。

<ruby>出典<rt>しゅってん</rt></ruby>：<ruby>厚生労働省<rt>こうせいろうどうしょう</rt></ruby>「<ruby>平成<rt>へいせい</rt></ruby>28<ruby>年度<rt>ねんど</rt></ruby>　<ruby>国民医療費<rt>こくみんいりょうひ</rt></ruby>の<ruby>概況<rt>がいきょう</rt></ruby>」

<ruby>医療費<rt>いりょうひ</rt></ruby>の<ruby>削減<rt>さくげん</rt></ruby>のために

<ruby>国<rt>くに</rt></ruby>は、ふくれあがる<ruby>医療費負担<rt>いりょうひふたん</rt></ruby>を<ruby>軽<rt>かる</rt></ruby>くしようとして、<ruby>医療費<rt>いりょうひ</rt></ruby>の<ruby>一部<rt>いちぶ</rt></ruby>を<ruby>利用者自身<rt>りようしゃじしん</rt></ruby>に<ruby>出<rt>だ</rt></ruby>させるように<ruby>福祉<rt>ふくし</rt></ruby>サービスの<ruby>改革<rt>かいかく</rt></ruby>をおこなってきました（→②<ruby>巻<rt>かん</rt></ruby>）。

<ruby>一方<rt>いっぽう</rt></ruby>、<ruby>社会保障<rt>しゃかいほしょう</rt></ruby>の<ruby>財源<rt>ざいげん</rt></ruby>として<ruby>期待<rt>きたい</rt></ruby>してきた<ruby>消費税<rt>しょうひぜい</rt></ruby>の<ruby>税率<rt>ぜいりつ</rt></ruby>を3%→5%→8%へと<ruby>引<rt>ひ</rt></ruby>き<ruby>上<rt>あ</rt></ruby>げ、さらに2019<ruby>年<rt>ねん</rt></ruby>10<ruby>月<rt>がつ</rt></ruby>には10%へと<ruby>引<rt>ひ</rt></ruby>き<ruby>上<rt>あ</rt></ruby>げました（→①<ruby>巻<rt>かん</rt></ruby>）。しかし、<ruby>収入<rt>しゅうにゅう</rt></ruby>もないお<ruby>年寄<rt>としよ</rt></ruby>りなどにより<ruby>多<rt>おお</rt></ruby>くの<ruby>医療費<rt>いりょうひ</rt></ruby>を<ruby>負担<rt>ふたん</rt></ruby>してもらうことに、また、すべての<ruby>国民<rt>こくみん</rt></ruby>がより<ruby>多<rt>おお</rt></ruby>くの<ruby>負担<rt>ふたん</rt></ruby>をする<ruby>消費税<rt>しょうひぜい</rt></ruby>の<ruby>税率<rt>ぜいりつ</rt></ruby>の<ruby>引<rt>ひ</rt></ruby>き<ruby>上<rt>あ</rt></ruby>げにも、<ruby>反発<rt>はんぱつ</rt></ruby>する<ruby>人<rt>ひと</rt></ruby>がいます。

❸ 消費税率を上げればいいわ

消費税が10%になったあとも、消費税率がどんどん上がる可能性があるといわれています。そうでなければ、日本の財政を立てなおせないともいわれています。

税率20％でも足りない

2012年に、当時5％だった消費税率の引き上げが決定されました。ところが、その時点ですでに、一部の政治家などは、2015年に消費税率を10%に引き上げたあとの次の消費税率引き上げを検討していたのです。なぜなら、少子高齢化がいっそうはげしくなり、近い将来、一人の現役で一人のお年寄りをささえなければならなくなるからだといいます。なかには「20％にしても足りない」という意見もありました。また、内閣府が2013年1月に閣議に提出した「経済財政の中長期試算」のなかでも、「2020年までに必要とされる消費税率は21（5＋16）％である」としていました。ところが、一部の経済学者からは、「消費税率だけを引き上げるやり方では日本の財政を立てなおすのはむずかしい。もしそうするなら30％にするしかない」という意見まで出されました。

このように、消費税で福祉サービスを充実させるのは不可能だという意見が、2019年10月の消費税引き上げの前から多くありました。

少子高齢化は今もどんどんすすんでいるよ。そのピークは、2070年ごろだと予測されてもいる。ということは、日本の消費税率は、今後もどんどん上がりつづける可能性が高いということだね。

けではない！••••••••••••••••••••••

診療報酬・介護報酬・障害福祉サービスの報酬改定

国の財政があぶなくなるなか、2018年度には、診療報酬、介護報酬、障害福祉サービスなどの報酬が同時に改定されました（その後、2019年10月の消費税増税にともなう改定率が新たに発表された）。

その改定は、団塊の世代＊が75歳以上の後期高齢者となる2025年に向けたもので、今後の日本の医療・介護のあり方を方向づけるものとして各方面から注目されました。

＊団塊の世代　一般的に1947〜1949年に生まれた人のこと。

● 診療報酬改定

医者にかかったときに支払う診療報酬の改定のあり方について検討するにあたり、保険料等の国民負担、物価・賃金の動向、医療費の増加にともなう医療機関の収入や経営状況、保険財政や国の財政にかかる状況等をふまえることとされた。結果、最終的な改定率等については、＋0.55％となり、各科改定率は医科＋0.63％、歯科＋0.69％、調剤＋0.19％とした。

● 介護報酬改定

住んでいる地域に関係なく適切な医療・介護サービスを受けられる体制の整備、自立支援の実現、多様な人材の確保、制度の安定性・持続可能性などをふまえ、最終的な改定率は、＋0.54％となった。

● 障害福祉サービス等報酬改定

障がい者の重度化・高齢化への対応や、治療が必要な子どもへの支援、就労支援サービスの質の向上、自立生活援助などの具体的内容を検討し、2018年度障害福祉サービス等報酬改定の最終的な改定率については、＋0.47％とされた。

> ここに記した資料からは、国の福祉サービスの予算も少しは増えていることがわかるね。でも、問題は、国民が必要とする福祉をおこなうには、それだけの予算増では焼け石に水だということなんだよ。

ほとんどの場合、なにかを買うときには消費税がかかる。

④「介護サービス」とは？······

今、たくさんのお年寄りが介護サービスを利用しています。どのようなサービスを利用しているのでしょう。そもそも「介護サービス」って、なんでしょうか？

「介護保険制度」とは？

「介護」とは、高齢者や病人、障がいのある人たちの生活を手助けしたり看護したりすることをさす言葉です。

近年、少子高齢化が急激にすすみ、それ以前の制度では、高齢者の医療や介護についての福祉がやっていけなくなりました。そこで国は、2000年に、介護保険法にもとづいて「介護保険制度」を導入したのです。

介護保険制度では、40歳以上の国民全員が介護保険に加入して保険料を納めることで、介護サービスを利用できることになっています。

もっとくわしく！

介護保険制度のしくみ

介護保険制度の運営費用は、介護保険の加入者（40歳以上の国民全員）が納める保険料と、公費（国、都道府県、市町村で負担するお金）で、半分ずつ分担するしくみがとられている。サービスを利用するには、利用者は、自分の収入に応じて10〜30％を「利用料」として自己負担する。

どのくらいの介護サービスが必要かは、公平になるようコンピューターによる一次判定と、保健・医療・福祉の専門家たちによる二次判定によって決められる。

要介護認定

　介護サービスを受けるには、市町村から「要介護（介護が必要な状態である）」「要支援（支援が必要な状態である）」と認定されなければなりません。これを「要介護認定」といいます。

　65歳以上であればだれでも、市町村の窓口に介護認定を申請することができます（40〜65歳未満は、特別な病気が原因で介護が必要となる場合のみ介護認定の申請ができる）。また、介護の必要な状態ではなくとも、ある程度の支援が必要と判断されれば、「要支援」と認定されます。さらに、要介護・要支援に認定されなくても、要介護または要支援になる可能性があれば、「介護予防事業」とよばれるサービスを利用できます。

　なお、「要介護」は、程度に応じてさらに次の5段階にわかれています。

- 要介護1：立ち上がりや歩行が不安定で、日常のなかで、トイレやお風呂の際などに部分的に介護が必要。
- 要介護2：自力での立ち上がりや歩行がむずかしく、日常のなかで、トイレやお風呂の際などに部分的、あるいは全面的に手助けが必要。
- 要介護3：自力での立ち上がりや歩行ができない。日常のなかで、トイレ、お風呂、服を着たりぬいだりで、手助けが必要。
- 要介護4：介護なしでは日常生活が送れない状態。意思の疎通に問題がある。
- 要介護5：ほぼ寝たきりで、介護なしでは日常生活が送れない状態。意思の疎通もむずかしい。

⑤「施設サービス」と「在宅サ

介護サービスには、利用者が施設にいく
「施設サービス」と、自分の家にいながら
サービスを受ける「在宅サービス」があります。

施設サービス

　「施設サービス」がおこなわれる施設には、介護が中心か、リハビリテーション＊を必要としているか、医学的な治療が必要か、などにより、「介護老人福祉施設」「介護老人保健施設」「介護療養型医療施設」の3種類があります。

- 介護老人福祉施設：高齢者が入所してくらしながら、日常生活の世話や機能訓練などのサービスを受けることのできる施設。「特別養護老人ホーム（特養）」ともいう。利用できるのは、原則として65歳以上の人で、からだや精神に障がいがあるために介護を必要とするが、自宅で介護を受けることがむずかしい人。寝たきりや認知症など、必要性や緊急性が高い人から優先的に利用できるしくみになっている。ただし入居待ちの人数が多く、入居までに早くて数か月、長い場合だと10年ほどかかることもある。

- 介護老人保健施設：医学的な管理や看護のもと、介護や日常生活の世話をおこなう施設。入院、治療などを終えたあと、介護を必要とする高齢者の自宅復帰をめざしている。高度な治療を必要としない場合に利用することができる。入所者以外にも、身体機能の訓練をおこなうデイサービス（通所リ

ハビリテーション）やショートステイ（短期入所療養介護）などのサービスをおこなっているところもある。この施設は、自宅で生活できるようになることが目標で、原則として長期間の利用はできない。

- 介護療養型医療施設：長期間の療養を必要とする高齢者が、医療・看護・介護などを受けられる施設。常に体調や病状の管理を必要とする人が利用する。入所中は、治療を受けながらリハビリテーションや身体機能を回復させる訓練などを受ける。利用できる期間はとくに決まってはいないが、自宅で生活できるようになることをめざしているため、一般的には3か月ほどとされている。

＊リハビリテーション　身体的、精神的、社会的な障がいをもつ人の社会復帰を目的とする総合的な治療と訓練。

ービス」・・・・・・・・・・・・・・・・・・・・・

在宅サービス

「在宅サービス」は、自宅に住んだまま提供を受けられる介護サービスで、次のようなものがあります。

・訪問サービス：訪問介護員（ホームヘルパー）、医師、看護師、リハビリテーションの専門員、入浴チームなどに利用者の自宅にきてもらい、生活の手助けや治療をしてもらう。定期的な訪問サービスを受けるだけでなく、緊急時に通報することで受けられる訪問サービスもある。

・日帰りで通うサービス（デイサービス）：利用者がデイサービスセンター、または介護老人保健施設に通って、日帰りで入浴、食事、リハビリテーションなどのサービスを受ける。

・施設への短期入所サービス（ショートステイ）：ふだん介護をしている家族が病気になるなど、なんらかの事情で介護できない場合に、短期間だけ介護老人福祉施設、または介護老人保健施設に入所して介護などのサービスを受ける。

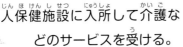

ケアマネジメント

介護保険制度では、利用を希望する人が、自分の意思でどのようなサービスを利用するかを選ぶことができるしくみがつくられています。ところが、サービスの種類はさまざまで、また、サービスを利用するための手続きもかんたんではありません。

そこで、全国の市町村には「居宅介護支援事業所」や「地域包括支援センター」という名称の窓口がもうけられました。利用者は、そこで相談して、どんな介護サービスを受けるかを決めます。このしくみのことを「ケアマネジメント」といい、相談役の人を「ケアマネージャー」とよんでいます。

ケアマネージャーは利用者から依頼があったら、その人の状況や希望を調べて介護サービス計画（ケアプラン）をつくります。

その後、実際にサービスがはじまったら、プランが有効に機能しているかどうかなどを、定期的にチェックします。また、利用者がプランの変更を希望する場合には、希望をかなえられるよう調整します。

この説明で、最近よく聞く「ケアマネージャー」といっ人が、どういう「マネージャー」なのかわかったよね。

デイサービスの送迎のようす。送迎につかわれる車は、車いすの人や足が悪い人でも乗りおりしやすいよう工夫がされている。

絵本 『おばあちゃんがやってきた』

この絵本は、家にやってきたおばあちゃんの
介護生活をとおして成長する男の子を描いた作品です。
ふつうの家庭の在宅介護のようすがよくわかります。

（あれ？　このVネックのセーター……）

「ねえ、かずき、見て、これ！」
「おばあちゃんが元気なころよく着ていたセーター……、おぼえてない？　よく見て」
「すごい、おばあちゃんのからだのかたちがまあるく残ってる！」

ぼくが小学3年生のとき、骨折して入院していたおばあちゃんが、ぼくんちにやってくることになった。
おばあちゃんの部屋が用意できて、りっぱなベッドも運ばれた。
「すごい！　リクライニングだ。ゲームするのに、さいこう！」
「おばあちゃんのベッドよ、かずきの遊び場じゃないわよ」

「かずきくん。おばあちゃん、車いすになっちゃった…」
「だいじょうぶだよ。すぐに元気になるよ」
知らない人が出入りするようになった。
ケアマネージャーさんは、おばあちゃんの相談にのってくれる人で、やさしそう。看護師さんはとてもテキパキしていて、たよれる感じ。
ふたりともおばあちゃんのことを「さわこさん」ってよんだ。
ぼくもまねして、「さわこさーん」ってよんでみたら、「からかうんじゃないの」って、わらっていた。

「おばあちゃん、夕食だよ」
食卓のいすにしっかりすわってもらうのが、ぼくの役目。
「かずきくん、そんなに引っぱらないでよ」
おばあちゃんは、すり足でノロノロ。

おばあちゃんは看護師さんと歩く練習したり、
たいそうしたり、マッサージしてもらったりしていた。
それに、よくうたってた。
いつもさいごは「水色のハンカチ」という古そうな歌。
ぼくは看護師さんより先におぼえてしまった。
「かずきくん、この部屋あたたかくて気持ちいいわね」
おばあちゃんがなに気なく言った。
「えっ…おばあちゃんたら、子どもみたいだね」

歩けるようになると、ヘルパーさんもきてくれた。
「お散歩から帰ってくると、おばあちゃん、とってもつかれてるの。かずき、どう思う？」
「しかたないよ、運動してくるんだから」

「でも、おばあちゃん、がんばりすぎじゃないかしら？」

「あれ、このミシンどうしたの？」
「おばあちゃんの家から運んでもらったのよ」
「ええっ？　おばあちゃんミシンできるの？」
「もちろん。おかあさんの先生をしてもらうのよ」
「ぼくも、やってみたい！」
カラカラカラ……。ぼくでもまっすぐ縫えた。

「おばあちゃん、あれ、おかあさんがつくったの？　できるんだー」
「かわいいでしょう。おばあちゃんも昔はたくさん縫ったけどね」
さわこさんは、3人の女の子のおかあさんだったのだ。

おばあちゃんはデイサービスにいくようになった。
おふろに入ったり、ゲームをしたり、歌をうたったりするらしい。
「おけしょうして、おしゃれをして、気分転換になるみたいよ。それにお友だちもできたって」

おばあちゃんの手はもともとの病気のせいでふるえていたけれど、おかずをつくってくれることもあった。
「おばあちゃんって、料理するのしずかだよね。ほんとうにできるのかって、心配しちゃったよ」
「でしょう？　おまけにお料理のあともきれいなの。ふしぎなのよねぇ」

「ただいま！」
＜おばあちゃんは？？？＞
テーブルに走り書きのメモがおいてあった。
『おばあちゃんが骨折しました。病院にいってきます。』
その晩、おかあさんはずいぶんおそく帰ってきた。
「おばあちゃん、デイサービスで、はりきりすぎたみたい。しばらくは、おかあさん、病院通いになるからね」

ぼくは5年生になっていた。
サッカーと遊びでいそがしくて、おみまいにはいかなかった。
すぐに元気になって帰ってくると思っていたから。

それから1か月くらいして、おばあちゃんは退院してきた。
「家でおせわすることにしたので、協力してね」
おばあちゃんは、とても弱って見えたけれど、ぼくは、わざとふざけてみた。

でも、おばあちゃんはしかめっ面。入院前とは別人みたい。

部屋には酸素の機械も入った。
お医者さんと看護師さんはたびたびきてくれた。
看護師さんとは、もう親せきみたいな感じがしていた。
お医者さんの質問におばあちゃんが、ぼそぼそと答えていた。
「ご主人の名前は？」
「………」
＜おばあちゃん、がんばれ！＞

入浴サービスってすごい！
浴槽をセットして、車のタンクからホースでお湯をはる。
たちまちおふろのできあがりだ。
タオルにくるまれたおばあちゃんは、頭やからだを洗ってもらって気持
ちよさそう。
残ったお湯はホースでおふろ場に流す。１時間で部屋はもとどおり。
おばあちゃんはピンク色のほっぺたで、ほっとしたようにねむっていた。

おばあちゃんの食事は細かくきざんであって、ほんのちょっとだけ。
それでもほとんど食べられない。
「きょうは食べてくれたわ。かずきが手伝ってくれたからね、おばあ
ちゃん、がんばったのよ」

おばあちゃんは、ほとんどしゃべらなくなった。
目をあけていても、ただつまらなそうな顔をしている。
「しかたないわねぇ。強いお薬飲んでるしね。病気にふりまわされてか
わいそう」
ぼくはベッドにもぐりこんでみた。
「もう……あっちにいってよ」
おばあちゃんは、はっきりと、そう言った。
ぼくは思わずうれしくなって、
「やったね！」

おかあさんが、小さいころの話をしてくれた。
お正月は、たくさんのお客さんで、おばあちゃんはてんてこまい。
おじいちゃんは、大きな工場の課長さん、陽気でにぎやかなのが大好
き。飲んで、うたって……。
お客さんのもうひとつの楽しみが、おばあちゃんの手料理。

「おばあちゃんたら、おもしろかったのよ」
ケアマネージャーさんはいつもおばあちゃんとの話がすむと、おかあさ
んとお茶の時間（ほんとうはいけなかったらしい）。
「ゆっくりおしゃべりしていたらね。おばあちゃんが、お帰りの時間
じゃないですかって。
思わず顔を見合わせてわらっちゃった」
「それって、さわこさん全開だね」

おばあちゃんはずいぶん弱ってきた。いつもベッドの横には点滴のふく
ろがぶら下がっていた。
「おばあちゃん、血管が細いから針がさしにくくて……あざだらけに
なっちゃって……」
でも、いつのまにか、首の下あたりに管がうめこまれて、点滴がしやす

くなっていた。
「これで、最低限の水分はおぎなえるのよ、でも…」

おばあちゃんは同じしせいでいると、＜床ずれ＞で肌がただれてしまう。
ぼくも背中のクッションの位置をかえてみたりした。
「おばあちゃん……」
目をあけているときに声をかけてもただ天井を見つめているだけで、な
にも言わない。
おばあちゃんにつながっている管が、またふえていた。

中学２年生の１月、楽しみにしていたスキー教室があった。
その前の日の夜おそくにも看護師さんがきた。
「だいじょうぶよ、おばあちゃん落ち着いているから、安心して楽しん
でらっしゃい」
おかあさんは言ったけれど、出かける朝、なんとなく気がかりだった。
「いってくるね」
ねむっているおばあちゃんに声をかけた。
スキー教室３日目の朝だった。
「おかあさんから電話ですよ」
担任の先生がしんみょうな顔をしている。
「ええっ…」
ぼくは、なにか胸が重くなった感じがした。

「かずき、おばあちゃんが今朝亡くなったの。おかあさん、まよったん
だけど、やっぱり、かずきに知らせたほうがいいと思って……。おばあ
ちゃんにいっぱいかわいがってもらったわね、お祈りしてあげてね」

先生がやさしく声をかけてくれたけれど、ぼくは先生の前では泣かな
かった。

おばあちゃんがいなくなって、りっぱなベッドもなくなった。
看護師さんがお線香をあげにきてくれた。
「かずきくん、さわこさんにやさしくしてくれて、ありがとう」
急に広くなったおばあちゃんの部屋は、おばあちゃんが言っていたよう
に、日差しがいっぱいで気持ちいい。
今はぼくの部屋になった。

※この文は、出版社・著者・画家の協力により全文転載させてもらったもの。

『おばあちゃんがやってきた』
重本あき子作、
やまなかももこ絵、
新日本出版社

⑥ 老人ホームとは？・・・・・・・・・・

「老人ホーム」という言葉を聞いたことのない人は
少ないでしょうが、みんなはどんなイメージを
もっていますか。

「老人」という言葉

近年、「老人」という言葉が以前よりつかわれなくなり、そのかわりに「高齢者」という言葉が多くなっています。その理由として、お年寄りに対し「老人」というと、失礼にあたると感じる人がたくさんいることがあげられます。そういう人

「老人」が何歳以上の人のことをさすかの決まりはない。この背景には、高齢化がすすみ、平均寿命ものびたことで、何歳からかを決めるのがむずかしくなったということがある。

たちのなかには、「熟年」とか「シニア」とかいった言葉をつかう人も多くいます。

ところが、1963年につくられた「老人福祉法」という法律の名称は、「老人」のままです。「老人ホーム」という言葉もふつうにつかわれています。国が国民の祝日として「敬老の日」を制定した際も、「多年にわたり社会につくしてきた老人を敬愛し、長寿を祝う」と「老人」という言葉をつかって説明しています。

じつは、「老」という字にはもともと「年をとった」という意味はなく、「人生の先達」「知恵者」といった尊敬の意味がふくまれています。中国では、年が若くても、先生を「老師」といっています。

ということは、「老人」といっても失礼ではないことになるね。でも、感じ方というのは人それぞれだから、「老人」という言葉が、本来いい意味かどうかより、どう感じるかの問題かもしれないよ。

老人ホームの種類

「老人ホーム」は、さまざまな事情により自宅で生活することがむずかしい高齢者が利用する施設。「特別養護老人ホーム」や「養護老人ホーム」「軽費老人ホーム」など、さまざまな種類があります。市町村や社会福祉法人が運営するものもあれば、民間企業が経営するものもあります。

特別養護老人ホームを利用する場合は、介護保険による利用費の支援を受けることができます。

一方、養護老人ホームと軽費老人ホームを利用する場合は、介護保険による利用費の支援は受けられませんが、比較的、低額な料金で利用することができます。

◉特別養護老人ホーム（→p12）

◉養護老人ホーム

おもにお金や住む家にこまっていて、自宅での生活がむずかしい高齢者が対象になる。または、からだや精神に障がいのある人のなかで、比較的軽い人が対象。

◉軽費老人ホーム

A型、B型、C型（ケアハウス）の3種類がある。60歳以上（夫婦の場合には、どちらか一方が60歳以上）で、身のまわりのことが自分でできる人が対象。費用は、利用者の年収により異なり、食費など生活費については本人の負担となる。

A型：自宅で生活することがむずかしく、収入の少ない人が低額で利用する施設。原則として個室で、食事など日常生活に必要なサービスを受けられる。

B型：自宅で生活することがむずかしく、収入の少ない人が低額で利用する施設。A型とちがい、原則として食事などのサービスはなく、利用者が自炊する。

C型（ケアハウス）：高齢などのため、将来、独立して生活することに不安があるときに利用する施設。原則として個室で、職員に生活上の相談をしたり、食事など日常生活に必要なサービスを受けたりできる。介護や支援が必要な場合には、訪問介護などのサービスも利用できる。

◉有料老人ホーム

おもに民間企業が経営している老人ホームで、サービス内容はそれぞれで異なる。近年、急増している。介護保険による利用費の支援はなく、アパートを借りるのと同様に利用者が費用の全額を負担する必要がある。このため、養護老人ホームや軽費老人ホームなどとくらべて、利用費が高いが、より充実したサービス内容を求めて利用する人が多い。養護老人ホームや軽費老人ホームなどに入りたくても入れない人（待機者）が増えているので、有料老人ホームを利用する人もいる。なお、有料老人ホームはサービスの内容によって大きく次の3種類にわけられる。

• 健康型有料老人ホーム：食事などのサービスはあるが、健康で自立した生活ができる高齢者を対象とした施設。介護が必要になった場合は、利用できない。

• 住宅型有料老人ホーム：食事などのサービスはあるが、介護サービスは提供しない居住施設。介護が必要になった場合は、介護保険の訪問介護サービスを利用できる。

• 介護付有料老人ホーム：介護保険制度の「特定施設入居者生活介護」の認定を市町村から受けている施設。介護が必要になった場合でも、引きつづきその施設で生活しながら、施設の職員による介護サービスを受けることができる。

⑦ 知られていない「日中独居」…

「日中独居」とは、介護が必要なお年寄りに家族などが
いても、日中は家族はみんな仕事などで不在となり、
老人の独居（一人ぐらし）になっている状態のことです。

一人ぐらしよりもさびしい？

「老いた親に一人ぐらしはさせられない」とい
う気持ちから同居する人が多くいます。でも「同
居しているから」と安心してしまい、お年寄りの
気持ちに寄りそうことをわすれてしまうことも多
いという意見・指摘もあります。

子どもは仕事へ行き、孫たちは学校へ。それぞ
れにいそがしくしていて、昼間はお年寄りが家で
一人きり……。これは、お年寄りにとってとても
さびしく不安なことだというのです。

そうしたお年寄りのなかには、子どもが無理し
て同居してくれているのだから、自分の気持ちを
いうことができずに、なにもすることがなく、一
日中テレビばかり見ているという人も……。

そうしているうちに、寝たきりになってしまっ
たり、認知症がすすんでしまったりするお年寄り
もいます。また、日中一人で家にいるあいだに家
事をしようとして事故をおこしてしまうことやケ
ガをしてしまうこともあるといいます。

お年寄りの事故

厚生労働省が発表した「高齢者社会白書（平成
29年版）」によると、65歳以上の高齢者の事故の
約8割が住宅内でおきているということです。

下は、「日中独居」にかぎりませんが、お年寄
りがおこす事故を示したものです。

・階段をふみはずして転落、階段でバランスをく
ずして転倒して打撲、骨折

・ガスコンロの火や仏壇のろうそくの火が衣服な
どに燃えうつってやけど

・エアコンの冷暖房のスイッチをまちがえて、熱
中症になる

● 高齢者の家庭内事故のきっかけ

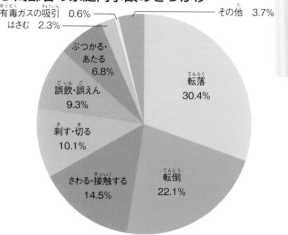

有毒ガスの吸引 0.6% ── その他 3.7%
はさむ 2.3%
ぶつかる・あたる 6.8%
誤飲・誤えん 9.3%
刺す・切る 10.1%
さわる・接触する 14.5%
転落 30.4%
転倒 22.1%

※四捨五入の関係で合計が100%にならないことがある。
出典：国民生活センター「医療機関ネットワーク事業からみた家庭内事故—高齢者編—（平成25年）」

同居家族がいるせいで「受けられない」？

　一人ぐらしのお年寄りの場合、要介護と認定（→p11）されると、さまざまな福祉サービスを受けることができます。ところが、家族と同居しているために、福祉サービスを受けられないことも多くあります。同居家族がいるために、かえって生活が不便になってしまうのです。

　そう考えると、老人ホーム（→p17）に入るという選択肢もあるといわれています。日中独居になってしまうのであれば、お年寄りにとっては、老人ホームのほうがより安全に楽しく時間をすごすことができるのではないかという意見もあります。

　でも、無料の老人ホームが見つからず、有料では家族が負担できないこともあります。

むずかしい問題だね。
でも、おじいさんやおばあさんと同居している人は「日中独居」ということもあることをちゃんと考えて、お年寄りに寄りそうようにするといいね。

お年寄りたちの思い!?

ここでは、お年寄りの思いを
よくあらわしている
2つの運動を紹介します。
「新老人運動」と
「ピンピンコロリ運動」です。

「新老人運動」

「新老人運動」は、2017年7月に享年105歳で亡くなった聖路加国際大学名誉理事長の日野原重明先生が提唱したもの。「世界でいちばん早く長寿国となった日本の高齢者が、世界のモデルとなるべく健やかで生きがいを感じられる生き方をしていただくための具体的な提案活動」*です。

日野原重明先生。

また、日野原先生は、2012年5月から「新老人の会」のフェイスブックをはじめました。これは、「100歳のフェイスブック」といわれ、話題になりました。

*日野原先生が2000年9月につくった「新老人の会」のホームページより。

「新老人の会」にはさまざまなサークル（クラブ）活動があり、フラダンスサークルはその1つ。

SSA活動

「SSA」は、「スマートシニア・アソシエーション」のこと。これも日野原先生が提唱した言葉です。「スマート」とは「かしこい」とか「機敏な」とかいった意味。知的で生き生きしたシニアをめざそうとするものです。

「新老人の会」は、90歳代のシニアから20歳代まで、世代をこえた人たちがフェイスブックでつながっているといいます。

「ピンピンコロリ運動」

「ピンピンコロリ運動」は、略して「PPK」といわれています。「ピンピン」とは、元気なことをあらわす言葉。「病気に苦しむことなく元気に長生きして寝こんだりしないで、コロリと死ぬ」というのが、この運動の目的です。

PPKのはじまりは、1980年、長野県下伊那郡の北沢豊治さんが考えた健康長寿体操で、次いで1983年、日本体育学会に「ピンピンコロリ（PPK）運動について」と題した論文が発表されて広まったと考えられています。

この運動が広がったのは、「ずっと健康でいながら、突然死にたい。病気になったり、まして寝たきりになったら、家族に迷惑がかかる」と考えるお年寄りが大勢いるからです。

PPKは、孤独死ではないの？

PPKへの思いをもつ人が多いのは確かですが、「突然に」となると、それは「孤独死」（だれにもみとられない一人だけの死）ではないかという考えもあります。孤独死を願うお年寄りはあまりいません。ということは、「PPKを望むけれど、孤独死はいや」というのは矛盾しているという指摘もあります。

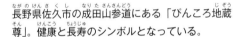

「新老人運動」や「ピンピンコロリ運動」が広がるということは、今の日本は、お年寄りが安全に安心してくらせる社会ではないことを示しているわけだね。

長野県佐久市の成田山参道にある「ぴんころ地蔵尊」。健康と長寿のシンボルとなっている。

⑧ 公的年金制度 ‥‥‥‥‥‥‥‥

「公的年金制度」とは、お年寄りのくらしをささえる
ためのしくみのこと。しかし、少子高齢化によって、
この制度そのものがきびしい状況に置かれています。

「年金」とは？

「年金」とは、一定期間保険料を納めた人が、
年をとって仕事をやめて収入がなくなった場合、
国から定期的、継続的に受けとることのできるお
金のことです。

日本では、20歳以上のすべての国民に国が運
営する年金制度に加入することを義務づける制度
がとられています。これを「公的年金制度」とよ
んでいます。

10年以上保険料を納めた人は、原則として65
歳から年金を受けとることができるようになって
います。公的年金の財源は、働
いて収入のある20歳以上の人が納
める保険料によります。すなわち、現
在20歳以上の人が納めている保険料に
よって現在の65歳以上の人の年金をまか
なっています。ところが少子高齢化が急速に
すすむなか、この制度そのものの存続もあやぶ
まれているのです。

なお、年金には公的年金制度のほかにも、民
間企業が独自に運営する「企業年金」、民間の保
険会社が経営する「個人年金」があります。

もっとくわしく！

2種類の公的年金制度のしくみ

現在の公的年金制度には「国民年金」と「厚生年
金」の2種類がある。「国民年金」は、20〜60歳未
満のすべての国民が加入するもの。「厚生年金」は、
民間企業で働く人が国民年金に上乗せして加入する
もの。以前は公務員が入る「共済年金」があった
が、現在は「厚生年金」に統合された。公的年金に
加入すると、「基礎年金番号」が記入された「年金
手帳」が交付される。この基礎年金番号は、つとめ
る会社がかわっても一生かわらない。

公的年金は、一定の年齢に達した人に対し「老齢
給付」として給付されるものと、障がいを負った人
や、世帯の生計をになっていた人が亡くなった遺族
に対して、加入期間などの条件が満たされていれば
給付されるものがある。

公的年金制度の被保険者であることを証明する「年金手帳」。
交付された年代で色が異なる。

公的年金制度の危機

近年、少子高齢化に歯止めがかからないことによって、このまま公的年金制度を続けていくことがむずかしいといわれています。なぜなら、年金を受けとる人が増えていくのに、年金の財源となる保険料を納める人が減っているからです。

2017年の資料によると、2010年には働く世代の2.8人で1人の高齢者をささえている計算でしたが、2020年には2.0人で、2040年には1.5人でささえることになると見られています。さらに、

義務づけられているにもかかわらず、保険料を納めていない人が多くいることも問題になっています。これが「年金未納問題」です。

このままでは制度そのものがやっていけなくなる可能性があるため、2004年に運営方法などが見なおされました。これによって、納める保険料を引き上げたり、受けとれる年齢をそれ以前は55〜65歳からだったものが、原則65歳からにされたりしました。また、保険料だけでなく、税金も財源として、年金制度を運営することも検討されています。

⑨ 予算がない日本の社会保障

日本の福祉はどんどん広がりを見せてきましたが、
近年の福祉サービスのようすを見ると、
ある方向が見えてきたといわれています。

できるかぎり地域へ

近年の福祉サービスは、個人の尊厳を尊重するという考え方から、たとえ障がいがあっても、要介護状態になっても、できるかぎり住みなれた地域や自宅で生活できるようにするという考え方にかわってきました。

1990年の福祉制度の改正により、身体障がい者福祉、高齢者福祉を中心にして、市町村が権限をもって住民福祉の向上につとめるしくみができ、それぞれの地域の特性に応じた福祉が充実してきました。

また、以前の福祉は、サービスを提供する側が、内容や方法を決定してきました（措置制度）が、しだいに利用者がみずからの意思で、サービスを選択して利用するしくみ（契約制度）へとかわってきました。

もっとくわしく！

ノーマライゼーション

「ノーマライゼーション」とは、障がいのある人もない人も地域でともに生活している状態こそがふつうであり、障がいのある人もまた家庭や地域においてふつうの生活をすることができるようにすべきであるという考え方のこと。

のゆくえ ●

地域がかかえる福祉の課題

近年、福祉サービス、とくに障がいのある人やお年寄りへの福祉サービスはどんどん発展してきました。その一方で、地域では福祉サービスに関する課題がしだいにはっきりしてきています。

次のようなことは、福祉サービスだけでは対応できない課題とされています。

だれにとってもつかいやすいものをめざす「ユニバーサルデザイン」は、「ノーマライゼーション」の一部だ。この写真のなかの手すりは二重になっていることで、背の高い人も低い人もつかいやすく、また点字がついているため、目の見えない人にもやさしい。

- 一人ぐらしのお年寄りや障がい者の家庭のゴミ出しや、電球の交換などの手助け。
- 映画鑑賞や墓まいりなどのつきそい。
- 引きこもりから孤立死につながった人、消費者被害にあっても自覚がない認知症の一人ぐらしの高齢者など、さまざまな問題をかかえていながらも、これまでの福祉の規定では福祉サービスを受けられなかった人（制度の谷間にある人）への対応。
- 介護が必要な親と障がいのある子がいるといった家庭への対応。
- ドメスティックバイオレンス（DV：家庭内暴力）の被害にあっている母親と非行に走る子どもがいるといった家庭への対応。

> こうしたことは、地域で生活している人にしか見えない。地域の生活は身近な人でなければわからないことだね。

25

⑩ 福祉の考え方にいくつもの

これまでの福祉は、支援を必要とする人を「○○ができない人」として見て、できない部分をおぎなうという考え方が強かったようです。でも、これからは……？

「生きる力」を引きだす

年をとっても、また、障がいがあっても、住みなれた地域で自分らしい生き方をしたいと願う人は多いといいます。地域に住む困難をかかえた人をささえる場合、その人らしさを最大限守ることが、その人の尊厳をたいせつにすることになるのです。

これからの福祉に求められる支援は、支援を必要とする人を「○○ができない人」ととらえるのではなく、その人自身の内にある生きる力を引きだすことです。これは、福祉の考え方の変化を示す1つの例だといえます。

課題となる地域福祉

日本の福祉に関する法律は、2000年に改正され（→①巻）、国の福祉政策もノーマライゼーション（→p24）の考え方にもとづいておこなっていくことになりました。これにより、福祉サービスのあり方は大きくかわりました。

かつては、支援を必要とする人を専門の指導や介護ができる施設へ入所させていましたが、現在では、利用者が自宅でサービスを利用できるようにかわりました（→p13）。

福祉サービスを利用する人が地域のなかで生活するようになったことで、地域全体で福祉に取り組むことが必要だといわれるようになりました。この考えを「地域福祉」とよんでいます。これにより、住民は、地域でのボランティア活動を通じて、ふだんから福祉にかかわることが期待されるようになってきました。

にない手と受け手の新たな関係

近年あらわれてきた変化がもう1つあります。それは、住民によりおこなわれている地域活動として、老人サロンに子育てママが集まったり、精神障がいのある青年が認知症のお年寄りのデイサービスに参加したりするといったことです。これは、福祉のにない手と受け手の境界線があいまいで、ときに入れかわることもあることを意味しています。また、一方が他方を支援するのではなく、相互にささえあうことが重要であるという、福祉の考え方の変化を示しています。

変化が！

障がいのある人もない人も一緒になって、ゲームをしてサロンで楽しむ様子。

方法や課題を限定しない活動

地域の人たちの福祉活動は、最近声かけや家事の手助けと、増えてきています。しかも、その活動には、幅の広い生活課題に対応するために、方法や課題をあらかじめ限定しないという特徴があるといわれています。これも、福祉の考え方の変化の1つです。

予防・早期発見・早期対応

近年の日本では、地域の人間関係がうすれたために、こまっている人が地域にいることに気づかない傾向がありました。

ところが、日常的に住民が活動している地域では、お年寄りや障がいのある人がこまっていることに気づきやすいといいます。また、虐待などの発見も早くできるといわれています。

このように、地域の人たちのちょっとした変化に気づき、それを解決するために情報を共有したり、役所や警察に通報したりして、公的な福祉サービスにつなげられるようになってきたことも、最近の地域福祉の傾向といえます。

問題が深刻であればあるほど、当事者はまわりから拒絶される傾向がある。でも、日ごろからちょっとした変化に気づくような関係があれば、いろいろな情報がみんなに共有されて、専門的な支援につなげることができるんだよ。日常からの関係が問題の深刻化を防ぐということだね。

⑪ 地域での福祉サービス····

国が福祉につかえる財源がとぼしいなか、
近年、これからの福祉は地域のなかでの「共助」の
役割が重要であるといわれだしました。

「共助」とは?

昔は、家族や地域の人たちが助けあって、さまざまな生活の課題に取り組んでいました。ところが、工業化、都市化、核家族化などがすすむにつれて、そうした助けあいはしだいにおこなわれなくなってきました。

こうしたなかで近年求められてきたのが、「共助」という考え方です。これは、個人が主体的にかかわっておこなう、地域における「新たなささえあい」です。

その典型が、ボランティアやNPOなどで、近年積極的に地域の生活課題に取り組んでいます。市町村が地域の福祉サービスを計画する際などにも参加して、地域福祉サービスのにない手になってきています。

「互助」という考え方

家族や友人、あらゆる活動の仲間などで助けあい、それぞれがかかえる生活の課題などをおたがいに解決しあうことを「互助」といいます。これは、「共助」ににていますが、共助より手軽なささえあいだといわれています。住民どうしの助けあいやグループによる地域のお年寄りの生活の支援などが、これにあたります。

それでも基本は「公助」

地域では、共助と互助がますます期待されていますが、それでは到底対応できない地域の問題がたくさんあります。たとえば、貧困や虐待などがそれにあたります。

そうした深刻な問題は、ボランティアやNPOがかかわるには限界があります。生活保護、人権擁護、虐待対策などは国の仕事です(窓口は市町村)。すなわち、それに必要なお金は、公による負担(税による負担)で成り立つのです。これを、共助と互助に対して「公助」ということがあります。

これからの福祉は、
地域で「共助」「互助」「公助」が
からみあっておこなわれていく
必要があるんだよ。

編集後記

このシリーズでは、日本の福祉についていろいろな視点から見てきましたが、その目的は次の通りです。

みんなは、すでに養う側！

みんなは消費税を支払っていますね。その消費税は、福祉のためにつかわれます。ということは、もうみんなは、お年寄りなどを養っている側にいるということなのです。さらに、みんなが働きざかりになるころには、1.5人で1人のお年寄りを養わなければならない社会になります（→p23）。そのころ、みんながしっかり働いて税金を納めないと、養う側からのお金が減ってしまうことになります。

ところで、今、学校では「キャリア教育」とよばれる勉強がさかんにおこなわれています。この目的は、かんたんにいえば、子どものころから仕事をする意識を高めることにあるのです。

働くことの重要性をしっかり理解し、また、国に税金を納めることの必要性をちゃんとわかってほしい！

じつは、わたしたちがこのシリーズをつくった背景には、こうした考えもあったのです。福祉をとおして、みんながなぜ働かなければならないのかも理解してもらいたい！　これも、わたしたちの願いなのです。

福祉にかかわる仕事

現在、福祉にかかわるさまざまなボランティアの仕事があります。それは、やりがいの大きい仕事です。

みんなには、地域でおこなうボランティアの重要性をこの本でより理解してもらい、ボランティア精神を高め、ボランティアに参加してほしいのです。

一方で、養われる側のお年寄りも、より多くの人が仕事をしようとしています。2004年、高年齢者雇用安定法が改正され、定年（退職する年齢）制度の見なおしや、再就職しやすくするための援助をおこなうことが定められました。また、都道府県の「高齢者能力開発情報センター」では、無料で高齢者に対して希望と能力にあった仕事を世話したり、働くことに関する相談にのったりしています。

お年寄りの側も「養われるより、自分で生きたい。そのために自分で働く」という人が多くいます。これを「自助」とよび、左ページに記した「共助」「互助」「公助」に加えて、これからの日本の社会に必要なものだとされているのです。

このシリーズをここまで読んでくれたみんな！　どうもありがとうございます。このシリーズがみんなの役に立つことを願いながら、おしまいにします。

子どもジャーナリスト　稲葉茂勝

資料

● 介護サービスの年間実受給者数

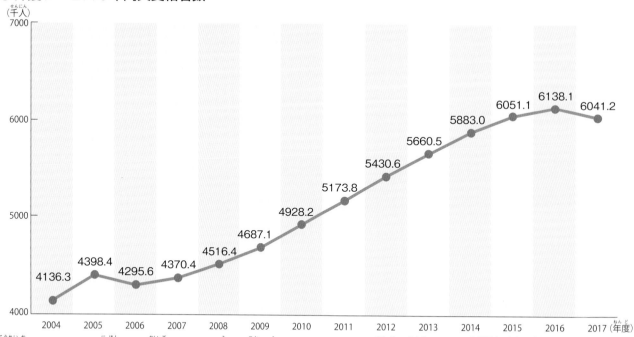

（千人）

- 2004: 4136.3
- 2005: 4398.4
- 2006: 4295.6
- 2007: 4370.4
- 2008: 4516.4
- 2009: 4687.1
- 2010: 4928.2
- 2011: 5173.8
- 2012: 5430.6
- 2013: 5660.5
- 2014: 5883.0
- 2015: 6051.1
- 2016: 6138.1
- 2017: 6041.2

（年度）

高齢化のすすんでいる日本では、介護サービスを受ける人も増えてきている。2017年度の1人あたりの費用額は約17万円。

出典：厚生労働省「介護給付費等実態調査（平成16～29年度）」

● ボランティア活動の年齢別行動者率

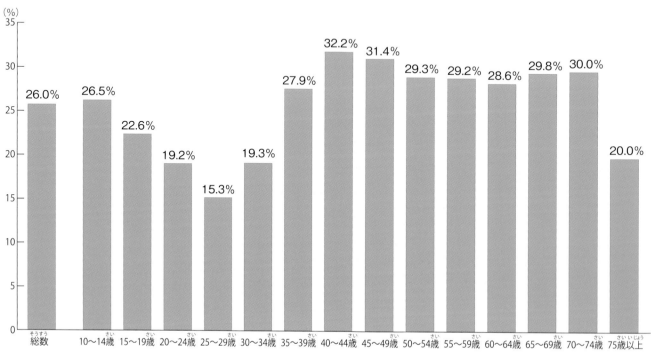

（％）

- 総数: 26.0%
- 10～14歳: 26.5%
- 15～19歳: 22.6%
- 20～24歳: 19.2%
- 25～29歳: 15.3%
- 30～34歳: 19.3%
- 35～39歳: 27.9%
- 40～44歳: 32.2%
- 45～49歳: 31.4%
- 50～54歳: 29.3%
- 55～59歳: 29.2%
- 60～64歳: 28.6%
- 65～69歳: 29.8%
- 70～74歳: 30.0%
- 75歳以上: 20.0%

ボランティアの総行動者数は2943万8000人で、人口の割合で見ると26％。年齢別に見ると、40代がもっとも参加しているのがわかる。

出典：総務省統計局「平成28年社会生活基本調査」

さくいん

■監修

池上 彰（いけがみ あきら）

1950年長野県生まれ。慶應義塾大学卒業後、1973年、NHKに記者として入局。1994年から「週刊こどもニュース」キャスター。2005年3月NHK退社後、ジャーナリストとして活躍。2012年より東京工業大学教授。著書に『ニュースの現場で考える』（岩崎書店）、『そうだったのか！ 現代史』（集英社）、『伝える力』（PHP研究所）ほか多数。

■著

稲葉 茂勝（いなば しげかつ）

1953年東京都生まれ。大阪外国語大学・東京外国語大学卒。これまでに編集者として1100冊以上の作品を手がけてきた。自著も80冊以上。近年は、子どもジャーナリスト（Journalist for children）として著作活動を続けている。また、これまで、田中ひろしのペンネームで多数の児童書を発表、さらにタケシタナカの名で、絵本も書いている。

■企画・編集 こどもくらぶ
■デザイン 佐藤道弘、菊地隆宣
■DTP制作 ㈱エヌ・アンド・エス企画
■校正 渡邉郁夫

この本の情報は、2019年11月までに調べたものです。
今後変更になる可能性がありますので、ご了承ください。

■写真協力

表紙：© Oshare ponchi/ARTBANK/amanaimages
p10：kou / PIXTA
p19：asaya / PIXTA
p20：「新老人の会」東京
p21：佐久市観光協会
p27：社会福祉法人 清瀬市社会福祉協議会

福祉がわかるシリーズ③
福祉の未来は？
— これからの福祉とみんなの生活 —

2020年4月10日 初版第1刷発行 〈検印省略〉

定価はカバーに表示しています

監 修 者 池 上 彰
著 者 稲 葉 茂 勝
発 行 者 杉 田 啓 三
印 刷 者 藤 田 良 郎

発行所 株式会社 ミネルヴァ書房
607-8494 京都市山科区日ノ岡堤谷町1
電話 075-581-5191／振替 01020-0-8076

©稲葉茂勝, 2020 印刷・製本 瞬報社写真印刷株式会社

ISBN978-4-623-08877-5
NDC369/32P/27cm
Printed in Japan

福祉がわかるシリーズ

池上　彰／監修　稲葉　茂勝／著

27cm　32ページ　NDC369

❶ 福祉ってなに？【暮らしを支えるしくみ】

❷ 3つの福祉とは？【子ども・お年寄り・障がい者】

❸ 福祉の未来は？【これからの福祉とみんなの生活】

|||||||||| あわせて読んでみよう！ ||||||||||

シリーズ
貧困を考える

池上　彰／監修　稲葉　茂勝／著

❶ 世界の貧困・日本の貧困
国際比較　世界と日本の同じと違いを考えよう！

❷ 昔の貧困・今の貧困
歴史的変化　変わる貧困と変わらない貧困を考えよう！

❸ 子どもの貧困・大人の貧困
貧困の悪循環　子ども時代に貧困なら大人になっても？

21世紀を生きる若い人たちへ
池上彰の現代史授業

池上　彰／監修・著

昭和編

①昭和二十年代
戦争と復興

②昭和三十年代
もはや戦後ではない！

③昭和四十年代
高度成長にわく

④昭和五十・六十年代
ゆらぐ成長神話

平成編

①昭和から平成へ
東西冷戦の終結

②20世紀の終わり
EU誕生・日本の新時代

③21世紀はじめの十年
9・11と世界の危機

④平成二十年代
世界と日本の未来へ